Yoko Tawada, Portrait eines Kreisels

Yoko Tawada

Portrait eines Kreisels

Konkursbuch
Verlag Claudia Gehrke

Inhalt

Das erste Kapitel. Lyrikübersetzung als ein Naturprojekt

Der Tod ist das einzige Ereignis. Alles andere ist im Grunde Diskurs, ist Sprache. Die Wirklichkeit ist immer Sprache, sogar die Liebe ist Sprache. Aber der Tod ist das Ereignis, das aus der Sprache heraustritt."

Diese Worte von Roland Barthes kamen mir in den Sinn, als ich mit dem Gedanken spielte, Gedichte aus der japanischen mittelalterlichen Gedichtsammlung „Kokinwakashū" ins Deutsche zu übersetzen. Das im 10. Jahrhundert herausgegebene Buch teilt seine Gedichte nach Themen auf. Zuerst kommen die Naturgedichte oder besser „Jahreszeitengedichte", in denen die Natur hauptsächlich als Kombination von kulturell kodierten Zeichen vorkommt. Sie sind ordentlich in der Reihenfolge Frühling, Sommer, Herbst und Winter sortiert. Aber die Jahreszeiten lassen sich nicht so leicht vom menschlichen Denksystem fangen und spielen ihm hier und dort einen kreativen Streich oder sie stellen freche Fragen wie ein kleines Kind. Der Dichter muss jedes Mal eine Antwort darauf finden.

Zum Beispiel gibt es eine typische Situation, in der der Frühling schon gekommen sein muss, zumindest nach dem Kalender, mit dem die Zivilisation eine Ordnung ins unfassbare Phänomen der Zeit hineinbrachte. Aber in Wirklichkeit schneit es noch, und weil das Wort „Schnee" zum Wortschatz der Wintergedichte gehört, musste sich der Dichter etwas einfallen lassen. Eine Lösung, die in „Kokinwakashū" mehrmals vorkommt, ist, im Schnee die erste Blume des Frühlings zu sehen. Damit wird die Sehnsucht nach abwesenden Frühlingsblumen ausgedrückt, ohne den realen Schnee zu leugnen.

Bedürfnisse, Sehnsucht und Trauer springen aus einem Riss im kulturellen Zeichensystem, das wegen seiner Komplexität nicht funktioniert. Selbst im „Reich der Zeichen", wie Roland Barthes Japan nannte, bleiben die Zeichen nicht dort, wo sie sein sollten.

Vielleicht ist es eine sehr menschliche Art, bei Naturbetrachtung stets die kulturell geprägten Bilder mitzudenken. Die Menschen können die Natur nicht unmittelbar wahrnehmen. Das hat nichts mit dem Defizit der Großstadtmenschen oder der digitalisierten Generation zu tun. Schon vor tausend Jahren und noch früher konnten die Menschen die Natur nicht unmittelbar wahrnehmen, und wer es vielleicht konnte, hat kein Gedicht hinterlassen.

„Kokinwakashū" zeigt, wie der Frühling sein sollte, sein könnte, aber nicht ist. Gerade in diesen weißen Flecken, wo die Gedichte entstehen, bilde ich mir ein, flüchtig, aber sinnlich intensiv eine Natur, die „außerhalb" der Sprache existiert, spüren zu können. Es ist sicher nur eine Illusion, denn selbst in solchen lyrischen Momenten bleibe ich innerhalb der Sprache, wahrscheinlich bis der Tod mich von der Sprache scheidet. Dank Roland Barthes lernte ich, „Kokinwakashū" zu schätzen. Es war nicht, was er über Japan schrieb, sondern eher seine Haltung, die mich beeinflusste. Mit Respekt, Hemmung und spielerischer Lust erkundete er die wertvolle Oberfläche der Kulturen, anstatt zu versuchen, den Tod in den Text zu holen.

„Kokinwakashū" galt als Vorbild für Tanka-Dichtung. Es gehörte zur Bildung der oberen Schichten, Gedichte aus dieser Sammlung auswendig zu lernen. Aber im neunzehnten Jahrhundert war sie zu lange auf dem Podest gestanden und fing an zu stinken. Vertreter der modernen Tanka-Dichtung wie Masaoka Shiki kritisierten sie und nahmen an ihrer Stelle eine andere Sammlung, „Manyōshū", die im achten Jahrhundert, also zweihundert Jahre zuvor, entstanden war als Vorbild. Auch ich zog in meiner Jugend die Letztere vor, deren Gedichte mir viel freier, weltoffener, sozial heterogen und magischer vorkamen.

Während in der neueren oft Wortspiele mit Ortsnamen getrieben werden, besitzen in der älteren die Ortsnamen selbst eine magische Kraft. Der Glaube, dass jedes Wort wie alle Lebewesen eine Seele besitzt, ist in der älteren, „Manyōshū", ungebrochener zu spüren. Ihre Nähe zur Natur basierte nicht etwa auf ihrer Fähigkeit, die Natur abzubilden, sondern auf ihrem Wesen als Lebewesen genau wie Pflanzen oder Tiere. Die Dichter im „Kokinwakashū" hingegen schienen sich damit schon abgefunden zu haben, dass die Sprachbilder nichts anderes als von Menschen gemachte Zeichen sind. Ihre gewisse „Oberflächlichkeit" gefiel der Moderne nicht. Erst im postmodernen Klima kehrte das Interesse an ihr zurück.

Im „Kokinwakashū" sind insgesamt 1111 Gedichte enthalten. Bis auf wenige Ausnahmen sind es Tanka, die aus 31 Silben (geteilt in 5-7-5-7-7) bestehen. Etwa zwanzig Prozent der Gedichte stammt von den vier Herausgebern, die selbst Dichter waren. Bei ungefähr vierzig Prozent der Gedichte ist der Verfasser unbekannt oder aus unterschiedlichen Gründen nicht genannt.

Ein bisschen befremdlich war es mir, zum Beispiel die Gedichte von Ki no Tsurayuki, der heute noch als großer Dichter gilt, zwischen den Gedichten der Unbekannten zu lesen, die sehr ähnliche Motive behandelten. Als einer der Herausgeber hätte er auch seinen eigenen Gedichten einen besonderen Platz geben können. Es ist, als würde sich ein Meisterwerk freiwillig einer Serie unterordnen, um seine Aura zu vertuschen. Denn es ist nicht der Fall, dass seine Meisterwerke mitten in mittelmäßigen Gedichten stärker leuchten würden. Unter anonymen Gedichten gibt es viele hervorragende Kunststücke. Sie neutralisieren eher die Genialität des großen Dichters. Es kann sein, dass die Reihenfolge der Gedichte einem bestimmten Narrativ folgt, das den Lauf einer Jahreszeit darstellt. Aber keineswegs wurde dafür eine Aufgabe verteilt, wie zum Beispiel, dass jeder Dichter für eine Phase des Frühlings zuständig sein sollte. Gedichte sind nicht linear geplant, sondern natürlich gewachsen. Wenn ein Gedicht viele Samen oder Eier in sich trug, entstanden als Folge ähnliche Gedichte von anderen Dichtern. Es war ein Zeichen für Fruchtbarkeit, wenn ein Gedicht viele ähnliche Artgenossen um sich hatte. In der Moderne glauben Dichter, dass sie sich besser durchsetzen können, wenn sie einzigartig sind. Sie möchten keine Epigonen sein und möchten auch nicht, dass andere Dichter ihr Werk variieren. Kann aber nicht die Variation eine Form des Fortlebens eines Textes sein? Ein Gedicht verwandelt sich, nicht nur, indem es neu gelesen oder übersetzt wird. Es kann auch variiert werden.

Das Kunstwerk sei grundsätzlich immer reproduzierbar gewesen. An dieser Stelle fällt mir Walter

Benjamin als zweiter Berater für mein Kokinwakashū-Projekt ein. Es wundert mich, dass ich erst jetzt an ihn denke, denn es geht in diesem Projekt vor allem um eine Übersetzung. Niemand anderes als er zeigte mir, dass eine Übersetzung von Lyrik ohne Philosophie nicht möglich ist.

Bevor ein Text übersetzt wird, gibt es schon eine Verwandlung oder ein Fortleben des Textes. Anders als altgriechische Münzen, die Benjamin als ein Beispiel für die Reproduzierbarkeit der Kunst erwähnt, wird ein Gedicht im weitesten Sinne reproduziert, indem es variiert wird. Viele Gedichte in „Kokinwakashū" wirken wie eine Reihe von Spielarten eines Motives, was in der Welt der Musikkomposition nicht außergewöhnlich ist.

Wie wäre es, jede Variation als einen Stern zu betrachten. Wird eine Linie zwischen mehreren Sternen gezogen, entsteht ein Sternbild. Ein Stern allein ergibt kein Bild, selbst wenn sein Licht in alle Richtungen stark strahlt. Eine Anthologie ist ein Mikrokosmos. Was ich hier zu bieten habe, ist eine kleine Kostprobe davon. Einige Sternbilder, die ich erkannte, notierte ich am Fuß der hohen Gebirge der Philologie. Auf einem Papier sehen sie wie Fußnoten eines akademischen Aufsatzes aus. Sie sollten aber eher eine bescheidene Gabe sein, die ich vor den Grabstein der verstorbenen Autoren hinlege.

Frühling

1

Vor der Jahresschwelle
kam bereits
der Kalenderfrühling
Ist das Jahr dann das ver-
gangene oder dieses?[1]

[1] *Ariwara Motokata. Am Tag des Frühlingsanfangs gedichtet.* Den Namen des Autors und die kurze Anmerkung im Original werde ich bei jedem Gedicht in der Fußnote kursiv schreiben. Dieses Gedicht, das allererste in „Kokinwakashū", kassierte schon eine spöttische Kritik vom Vertreter der modernen Tanka-Dichtung Masaoka Shiki (1867-1902): „Ich bin sprachlos wegen der Geschmacklosigkeit dieses Gedichtes. Es ist vergleichbar mit der lächerlichen Frage, ob man ein Kind eines Japaners und einer Ausländerin als Japaner bezeichnen sollte oder doch als Ausländer. Nicht einmal als ein Witz hat das Gedicht Wert." (Kubota 1982: 23). Dabei stellt dieses Gedicht einen wichtigen Moment der Jahreszeitendichtung da, in dem die Zeitordnung der Zivilisation einen inneren Widerspruch zeigt. Nach dem alten Kalender passierte es manchmal, dass der Tag des Frühlingsbeginns vor dem Neujahr kam.

2

Mit nassem Ärmel schöpfte ich
das Wasser das sofort fror
Bringt der Wind von heute
am Frühlingsbeginn
die Eisschicht zum Schmelzen?[2]

4

Inmitten der Schneezeit
ist der Frühling gekommen
Würde er die gefrorenen
Tränen der Nachtigall
zum Schmelzen bringen?[3]

---

[2] *Ki no Tsurayuki. Am Tag des Frühlingsanfangs gedichtet.* Das „Kokinwakashū" war ein staatliches Projekt im 10. Jahrhundert, und dieser Dichter gehörte zu den vier Herausgebern. Der Versuch, die kalendarische Ordnung mit persönlichen Sinneswahrnehmungen zusammenzubringen, passt einerseits zum offiziellen Charakter der Sammlung. Die Jahreszeiten werden dadurch zum kollektiven Zeitgefühl gemacht, was für die Stabilität des Staates wichtig war. Andererseits machen die Gedichte eher auf die Fiktionalität der Jahreszeiten aufmerksam. Dieses Gedicht schickt den Frühling aus der erinnernden Zeit in die erinnerte Zeit. So kann der warme Wind von heute das Eis im vergangenen Winter zum Schmelzen bringen.

[3] *Die Kaiserin Nijō. Ein Gedicht zum Frühlingsanfang.* „Uguisu (Horornis diphone)" wird gewöhnlich als „Nachtigall" (Luscinia megarhynchos) übersetzt. Interessant ist, dass der Vogel in diesem Gedicht nicht singt, sondern nur klagt, obwohl in der Dichtung sein Gesang wichtig ist.

8

Das Frühlingslicht
scheint auf mich
Traurig ist nur
der Schnee
meiner Haare[4]

9

Baumknospen
treiben im Dunst aus
In einem Dorf wo noch nichts blüht
fallen bereits Blüten
der Schneeflocken[5]

---

[4] *Fun'ya no Yasuhide. Am dritten Tag des Neujahrs verlangte die Kaiserin Nijō vom Dichter, ein Gedicht zu schreiben, als er vor ihr stand und im Sonnenschein der Schnee auf ihn fiel.*
Es gibt mehrere Arten der Traurigkeit. Hier wird das Wort „wabishi" verwendet, das ursprünglich das Leidensgefühl, das durch Armut entstand, bedeutete. Daraus entwickelten sich Bedeutungen wie „Enttäuschung" und „Frustration". In diesem Fall spielt die Armut vermutlich keine Rolle. Der Dichter klagt selbstironisch übers Altern, das sich an seinen weißen Haaren zeigt.

[5] *Ki no Tsurayuki. Ein Schneegedicht.*

11
Der Frühling
sei gekommen sagt man
Ohne den Gesang der Nachtigall
sollte es jedoch
nicht sein[6]

12
Im Wind schmilzt der eiserne
Fluss Aus einem Riss
kräuselt sich glitzernd
die erste Blume des Frühlings
aus Wasser[7]

---

[6] *Mibu no Tadamine. Das Gedicht des Frühlingsanfangs.*
Anscheinend ist hier von zwei Indizien die Rede, die die Ankunft des Frühlings bestätigen: Das erste Indiz ist, dass die meisten Menschen es behaupten. Das zweite ist, dass erwartete Bestandteile des Frühlings (und dazu gehört auch der Gesang der Nachtigall) wahrnehmbar sind. Wenn die beiden Indizien auf zwei Wahrheiten hindeuten, befinden wir uns in einem Vakuum ohne Jahreszeiten. Oder man kann auch sagen: Der Frühling existiert nicht einfach so, wie wir denken.

[7] *Minamoto no Masazumi. Beim Wettdichten bei der Residenz der Kaiserin in der Kanpyō-Zeit (889-898) entstanden.*
Das Wort „tanikaze" bedeutet wörtlich übersetzt Talwind, historisch gesehen kann es Frühlingswind oder Ostwind bedeuten. (vgl. Kubota 1982: 31)

14
Die Nachtigall
Aus dem Tal sprudelt
ihre Stimme Wer kann
ohne sie wissen
die Ankunft des Frühlings[8]

20
Der Azusa-Bogen gespannt um Götter
herbeizurufen Sie segneten uns heute
mit Frühlingsregen Gespannt warte ich
auf morgen Wenn es wieder nieselt
werde ich frische Blätter pflücken[9]

---

[8] *Ōe no Chisato.*
Ein Wortspiel mit „*naku* (zwitschern)" und „*naku* (ohne)". Im Folgenden werde ich immer den Begriff „Wortspiel" für „*kakekotoba*" verwenden, obwohl es sich hier eigentlich nicht um ein Spiel, sondern um eine traditionelle Technik der Verwendung von Homonymen handelt.

[9] *Titel und Verfasser unbekannt.*
Mit dem „Titel" ist die kurze Beschreibung der Situation, wie, wo oder wann das Gedicht entstanden ist, gemeint.

„*Azusayumi* (Bogen aus Katalpa)" war kleiner Bogen, der im shintoistischen Ritual verwendet wurde, um mit Geistern und Göttern in Kontakt zu treten. Vielleicht betete man hier um Regen und gute Ernte. Ein Wortspiel mit „*haru* (spannen)" und „*haru* (Frühling)" im Original. „*Azusayumi*" gilt als das „*makura-kotoba* (Kopfkissenwort: ein feststehender Ausdruck, der vor einem bestimmten Wort ohne semantische Konsequenz eingesetzt wird) für das Wort „*haru*", so dass es hier die Option gibt, das Kopfkissenwort nicht zu übersetzen. Ich habe mich aber bewusst dafür entschieden.

25
Jedes Mal wenn ich ein Hemd
meines Liebsten aufhänge und fühle
Jedes Mal wenn ein Frühlingsregen
die Felder spült
vertieft sich ihr Grün[10]

29
Hierhin oder dorthin
Im fremden Gebirge
wo ich nichts wiedererkenne
Die Stimme eines Jungvogels
der besorgt ruft[11]

---

[10] *Ki no Tsurayuki.*
„*Seko*" kann Bruder, Geliebter oder Ehemann bedeuten. Das Wortspiel mit „*haru* (Kleidungsstücke nach dem Waschen gespannt aufhängen, spannen)" und „*haru* (Frühling)" ist in der Übersetzung wiedergegeben mit der flauschigen, flüchtigen Ähnlichkeit zwischen den deutschen Wörtern „fühlen" und „Frühling". Im Original steht das Wort „fühlen" nicht da.

[11] *Titel und Verfasser unbekannt.*
In den „Naturgedichten" in „Kokinwakashū" kommt die Situation, in der das lyrische Ich in einer „wilden", „echten" Natur ausgeliefert ist, selten vor.

53
Gäbe es in unserer Welt
nie wieder Kirschblüten
könnte das Herz
im Frühling
friedlich sein[12]

[12] *Ariwara no Narihira. Beim Anblick der Kirschblüten in der Residenz Nagisa-no-in gedichtet.*
Die Kirschblüten können schon bei einem kurzen Regen und Wind komplett abfallen. Dieser Gedanke erlaubt dem Dichter nicht, innere Ruhe zu finden. Nach der buddhistischen Lehre sollte man eher auf die Liebe zur Kirschblüte verzichten, deren Schönheit sowieso vergänglich oder eine Illusion ist. Nur so könnte man seine innere Ruhe finden. Aber der Dichter, übrigens bekannt als Frauenheld, will lieber die Kirschblüten abschaffen als sie verblühen zu sehen.

Sommer

135
Am Teich meiner Bleibe
blühen die Wellen
aus Glyzinien Wann endlich
kommt die Nachtigall
und singt ihr Lied?[1]

[1] *Titel und Verfasser unbekannt. Es gibt aber eine Quelle, die sagt, Kakinomoto no Hitomaro sei der Verfasser gewesen.*

136
Mit dem Wort aware würdigt man
Kirschblüten Willst du die Bewunderung
allein kassieren? Eine Blüte
die den Frühling verpasst
und erst jetzt aufgeht[2]

139
Mandarinenblüten duften
und sehnen sich nach dem Mai
In ihnen rieche ich
jenen Ärmel
der mir einst vertraut war[3]

---

[2] *Ki no Toshisada. Die im vierten Monat blühenden Kirschblüten gesehen und gedichtet.*
„*Aware*" ist einer der zentralen Begriffe der japanischen Ästhetik. Im Laufe der Geschichte veränderte sich seine Bedeutung. Zuerst drückte er Freude aus, dann die Liebe zu einem Ding oder einer Person. Seit dem 8. Jahrhundert steht er hauptsächlich für Trauer, Traurigkeit und Mitgefühl.

[3] *Titel und Verfasser unbekannt.*
Es ist Mai nach dem alten Kalender. Das entspricht wahrscheinlich den Tagen um die „*geshi (Ankunft des Sommers, sommerliche Sonnenwende)*", um den 21. Juni nach dem heutigen Kalender. Dieses Gedicht spielt auf den damaligen Brauch an, Kleidung durch Räucherwerk zu parfümieren. (vgl. Ackermann/Kretzmer 2000: 216)

165
Lotusblätter lassen sich nie
vom Schmutzwasser abfärben
Wie konnte ihr Herz mir
Tautropfen als Perlen
verkaufen?[4]

166
Noch ist es Nacht
schon dämmert es im Sommer
zwischen den Wolken
In welcher Unterkunft
hat sich der Mond versteckt?[5]

[4] *Der buddhistische Mönch namens Henjō. Beim Betrachten des Taus auf Lotusblättern gedichtet.*
Der Lotus wächst im trüben Wasser und wird deshalb im Buddhismus als Metapher für eine Existenzform benutzt, die mitten in der schmutzigen Welt ihre Reinheit bewahrt.

[5] *Kiyohara no Fukayabu. An die Nacht mit dem anmutigen Mond gegen Morgendämmerung gedichtet.*
Man kann den Lauf des Mondes als eine Reise betrachten, und jede Wolke als eine Zwischenstation, ein Hotel. Im Sommer ist die Nacht kurz. Der Verfasser macht sich vielleicht Sorgen, ob der Mond sein Ziel erreichen kann, bevor es hell wird.

167
Die Blume namens Ewiger Sommer
blüht im Beet auf wie im Bett
das ich mit meiner Frau teile seitdem
sie sich öffnete Niemals lasse ich sie
pflücken[6]

168
Im Korridor des Himmels
gehen der Sommer und der
Herbst aneinander vorbei
Eine kühle Brise
weht in eine Richtung[7]

---

[6] *Ōshikōchi no Mitsune. Als ein Nachbar den Verfasser bat, ihm eine Nelke aus seinem Garten zu geben, schickte er ihm dieses Gedicht anstelle einer gepflückten Blume.*
Die Pflanze „*Tokonatsu*" („*toko*": beständig, unveränderlich, ewig und „*natsu*": Sommer) gehört zur Familie der Nelken. Ein Wortspiel mit „*toko* (ewig)" und „*toko* (Bett)".

[7] *Ōshikōchi no Mitsune. Am letzten Tag des sechsten Monats (nach dem alten Kalender) gedichtet.*

Herbst

169
Sehen kann ich noch nicht
den Herbst glasklar
Mit einem Windgeräusch
macht er mich
auf sich aufmerksam[1]

---

[1] *Fujiwara no Toshiyuki. Am Tag des Herbstbeginns gedichtet.* Das Wort „*sayaka* (glasklar)" steht für eine kalte Klarheit. Es kann nicht sein, dass die Natur von heute auf morgen herbstlich aussieht, nur weil im Kalender der Herbst beginnt. Bis die Blätter sich verfärben oder fallen, dauert es noch lange, aber die windstille Sommerhitze ist vorbei, und es gibt einen klaren, etwas kühlen Luftzug. Keine Jahreszeit erreicht gleichzeitig alle fünf Sinne. Wenn die Augen noch im Sommer bleiben, während die Ohren schon im Herbst angekommen sind, kann der Mensch nur durch Dichtung seine einheitliche Existenz wiederherstellen.

170
Ein Wind vom Fluss
Ist es euch zu kühl?
Der Herbst erhebt sich
aus kleinen Wellen
die hereinrollen[2]

171
Die Rückseite des Stoffes:
eine Augenweide
Der Saum des Kleids meines Geliebten
aufgewirbelt vom
ersten Herbstwind[3]

---

[2] *Ki no Tsurayuki. Für die adligen Kinder während ihrer Begleitung zum Fluss Kamo gedichtet.*
Dass der Herbst „steht", ist ein feststehender Ausdruck wie im Begriff „*risshun* (das Stehen des Herbstes: der Herbstbeginn). In diesem Gedicht spürte ich aber, wie die eigentliche Bedeutung des Stehens ins Leben zurückgerufen wird, und sehe bildlich, wie der Herbst aufsteht.

[3] *Titel und Verfasser unbekannt.*
Ein Wortspiel mit „*ura* (Rückseite)" und „*ura*" von „*ura-mezurashiki* (so anziehend, dass man lange hinschauen will)". Vom edlen Damenkimono ist bekannt, dass für die Rückseite ein besserer Stoff mit auffälligeren Farben und Mustern verwendet wird als für die Vorderseite. „*Ura* (Rückseite)" bedeutete damals nicht nur „Futterstoff", sondern auch „Herz", „Gedanke" oder „Gefühl", die der Mensch nicht nach außen zeigt.

Das Gender des Verfassers sowie das der Person mit der reizvollen „Rückseite" ist im Original grammatikalisch offen. Im Deutschen habe ich mich für einen männlichen Geliebten entschieden. Dabei stelle ich mir einen männlichen Verfasser vor, dessen Augenweide, ein junger Mann, im Damenkimono dasteht.

184
Das Licht des Mondes
erreicht mich nur noch durch
Baumblätter
Der Peiniger meines Herzens
der Herbst ist gekommen

186
Nicht für mich
ist er gekommen der Herbst
Doch bin ich der erste
den der Gesang der Grillen
melancholisch macht

---

[4] *Titel und Verfasser unbekannt.*

[5] *Titel und Verfasser unbekannt.*
Was die Übersetzbarkeit des Wortes „*mushi* (Insekt)" betrifft, war ich lange ratlos, weil das deutsche Wort „Insekt" nicht die Nähe zur Menschenseele spüren lässt, während in Japan die Insektenstimmen auf die Stimmung der Menschen einen großen Einfluss ausüben. Wie glücklich war ich, als ich in einem Wörterbuch „Grillen fangen", „jemandem die Grillen vertreiben" und weitere Redewendungen fand. Ich kann in diesem Fall „*mushi*" als „Grille" übersetzen, mit der Hoffnung, dass ein Hauch Melancholie mitschwingt.

Das hier als „Stimmen" übersetzte Wort „*ne*" ist laut dem Wörterbuch der altjapanischen Sprache „Iwanami Kogo-jiten" (1974) nur dann gebraucht worden, wenn ein Ton oder eine Stimme die Menschen emotional berührte, während das Wort „*koe* (Stimme)" den aus dem Organ produzierten Ton unabhängig von seiner Wirkung bezeichnet.

188
Nicht aus Gräsern
ist mein Nachtlager gemacht
Kein Tau sondern meine Tränen
nässen die Herbstnacht
in der ich allein schlafe[6]

191
Zwischen weißen Wolken fliegt
eine Schar Wildgänse
Flügel an Flügel eng nebeneinander
Im hellen Licht des Herbstmonds
kann ich jede einzelne zählen[7]

---

[6] *Titel und Verfasser unbekannt.*
Im Original steht das Wort „Tränen" nicht, aber der Tau steht für die Tränen. (vgl. „Kokinwakashū" 1981)

[7] *Titel und Verfasser unbekannt.*

192
Die Nacht vertieft sich
bis sie den Mittelpunkt erreicht
Klagelied der Wildgänse
Der Mond überquert
denselben Himmel[8]

193
Im Anblick des Mondes
zerfetzte Gedanken
Traurig bin ich
obwohl der Mond
nicht allein auf mich scheint[9]

---

[8] *Titel und Verfasser unbekannt.*

[9] *Ōe no Chisato. Beim Wettdichten in der Residenz des Prinzen Koresada gedichtet.*

194
Sonderbar ist das Licht
im Himmel dieser Nacht
Liegt es am Herbstrot des
Fantasiebaums den die Chinesen
auf dem Mond pflanzten?[10]

196
Grille,
klage nicht so schmerzhaft
Herbstnacht dauert lange
auch dein Kummer Meiner aber
ist viel länger[11]

---

[10] *Mabu no Tadamine. Beim Wettdichten in der Residenz des Prinzen Koresada gedichtet.*

„*Katsura*" ist ein fiktiver Baum, der in der chinesischen Legende auf dem Mond steht.

[11] *Fujiwara no Tadafusa. In der Nacht bei einem Besuch die Heimchen zirpen gehört und gedichtet.*
„*Kirigirisu* (Heimchen)" meint das heutige „*Kōrogi* (Grille)" (vgl. Saeki 1981: 63). Ein Wortspiel mit „*nagaki* (lang)" und „*nageki* (Klage)". Hier wird extra erwähnt, dass der Dichter bei jemandem zu Besuch ist. Dennoch redet er nicht die Gastgeberin, sondern die Grille an. Entweder redet der Dichter lieber mit Insekten als mit Menschen, oder mit der „Grille" ist hier die Gastgeberin gemeint, deren Name nicht genannt werden kann. Trotz der Traurigkeit erhält dieses und andere Herbstgedichte Humor und Selbstironie.

199
In der Herbstnacht
schneidet die Kälte des Taus
tief ins kleine Leben
das im Gebüsch
zittert und zirpt[12]

200
Abgezehrter Garten mein Zuhause
bedeckt von Gräsern namens
Vermissedich Trist klingt
der Gesang eines Insekts
mit dem Namen Warteaufdich[13]

[12] *Titel und Verfasser unbekannt.*
Das Verb „*wabu*" bedeutet „leidend klagen". „*Mushi* (Insekt)" übersetze ich hier als „kleines Leben", weil mit „zirpen" deutlich wird, dass es sich um ein Insekt handelt.

Es ist interessant, dass die lange Nacht und die Kälte in den Herbstgedichten thematisiert werden und nicht in den Wintergedichten, bis auf eine Ausnahme.

Von den 145 Herbstgedichten sind es nur die ersten 4 Gedichte, die die Frische, die der Herbst mit sich bringt, als Genuss darstellen. Dann folgen 11 Gedichte über die Legende der Milchstraße. Die weiteren 130 Herbstgedichte klingen melancholisch bzw. thematisieren Traurigkeit und ähnliche Gefühle. Wintergedichte gibt es insgesamt nur 29. Die meisten von ihnen wirken heiter durch das Licht, das vom Schnee reflektiert wird. In zwei, drei Gedichten wird man wegen des Jahreswechsels melancholisch, der an die Vergänglichkeit des Lebens erinnert. Ansonsten gibt es 34 Sommergedichte und 134 Frühlingsgedichte. Das Zeitalter des Klimawandels, in dem die Übergänge wie Frühling oder Herbst allmählich verschwinden und nur noch die knallige Sommerhitze und die extreme Winterkälte herrschen, ist für Jahreszeitendichtung äußerst ungünstig für Jahreszeitendichtung.

[13] *Titel und Verfasser unbekannt.*
Mit der Bezeichnung des Insekts „*matsumushi* (Xenogryllus marmoratus)" ist hier wahrscheinlich „*suzumushi* (Homoeogryllus japonicus)" gemeint. Dann könnte man es als Grille übersetzen. Wichtig ist aber in diesem Fall, dass in der Bezeichung „matsumushi" das Verb „matsu (warten)" enthalten ist.

204
Die Zikade namens
Dämmerung zirpte
Damit gehe die Sonne unter dachte ich
Doch war es nur der Schatten
den ein Berg auf mich warf[14]

205
In der Dämmerung zirpt eine Zikade
mit dem Namen Dämmerung
In einem Dorf am Bergfuß
klopft niemand an die Haustür
Außer dem Wind dem einzigen Besucher[15]

---

[14] *Titel und Verfasser unbekannt.*

[15] *Titel und Verfasser unbekannt.*
Es gibt viel mehr Beispiele, in denen dieselbe lyrische Idee variiert wird (zum Beispiel das Gedicht 204 oder 205). Keine Zikade würde eine andere Zikade wegen eines Plagiats verklagen, selbst wenn ihr Gesang fast identisch klingt.

211
Gefroren in der Nacht
lieh ich mir Gänsedaunen
Während Wildgänse heulen
verblassen die unteren
Blätter von Buschklee[16]

212
Die Stimme als Segel gesetzt
vom Herbstwind getrieben
überquert ein Boot
der Wildgänse
den kosmischen Ozean[17]

[16] *Titel und Verfasser unbekannt. Es gibt aber eine Quelle, die sagt, Kakinomoto no Hitomaro sei der Verfasser gewesen.*

Ein Wortspiel mit „*kari* (leihen)" und „*kari* (Wildgänse)". „*Koromo*" bedeutet im Allgemeinen Kleidung. Im Herbst nach dem Kleidungswechsel zog man zu Hause die „*wata-ire* (gefütterte Hausjacke)" an, die der heutigen Daunenjacke entspricht. Sie war nicht mit Gänsefedern, sondern mit Watte gefüttert. Um das in der Übersetzung fehlende Wortspiel mit „*kari*" zu ersetzen, habe ich „Wildgänse" und „Gänsedaunen" zusammengebracht.

[17] *Fujiwara no Sugane. Beim Wettdichten in der Residenz der Kaiserin in der Kanpyō-Zeit gedichtet.*
Das Verb „*ageru*" kann „setzen" im Ausdruck „Segel setzen" sowie „erheben" in „Stimme erheben" bedeuten.

Winter

314
Der Fluss namens Drachenfeld
webt einen Brokat
Ein Monat ohne Götter
Kettenfaden und Einschlag
nimmt er vom Sprühregen

---

[1] *Titel und Verfasser unbekannt.*
Die Landschaft um den Fluss Tatsuta (wörtlich übersetzt „Drachenfeld") in Nara war schon im Mittelalter bekannt für das schöne Herbstrot des Ahorns. „*Kan'nazuki* (wörtlich übersetzt: Der Monat ohne Götter)" bedeutet Oktober nach dem alten Kalender. Diese Bezeichnung bedeutete möglicherweise ursprünglich „Der Monat der Götter". Heute würde er um den November herum fallen.

316
Leuchtet der Mond im
weiten Himmel Die Reinheit
seines Lichtes Im Teich
friert sein Spiegelbild
als erstes ein[2]

318
Ab jetzt sollst du
fallen ohne Pause Der weiße
Schnee der das Silbergras
in meinem Garten
sanft durchkämmt[3]

---

[2] *Titel und Verfasser unbekannt.*
Das Wort „*kage*", das heute ausschließlich „Schatten" bedeutet, stand im Mittelalter nicht nur für den Schatten, sondern auch für das Licht und das Spiegelbild. Es macht mich schwindelig, das Licht und sein Produkt, den Schatten, als eine Einheit zu denken.

Das Verb „*hikaru*" bedeutete blitzartig leuchten, glänzen oder eine Fläche beleuchten und unterschied sich von seinen Geschwisterwörtern „*kagayaku* (glitzern, blenden)" und „*teru* (in alle Richtungen strahlen)".

[3] *Titel und Verfasser unbekannt.*

319
Kaum gefallen schon
verschwinden die zarten
Schneeflocken Umso lauter
tosen die Strudel des Wassers
aus steilen Bergen[4]

323
Wenn es schneit
wachen alle Gräser und Bäume
aus dem Winterschlaf auf
und tragen weiße Blüten
die der Frühling nicht kennt[5]

---

[4] *Titel und Verfasser unbekannt.*
„*Ashihiki*" ist ein Kopfkissenwort für „*yama* (Berg)", daher wäre es naheliegender, es nicht zu übersetzen. Aber eine mögliche Herkunft des Wortes „*ashi* (Beine); *hiki* (schleppen)", die auf die Steilheit des Berges hindeutet, wird meiner Meinung nach in diesem Gedicht durch die tosenden Strudel aktiviert. Die Frage, ob die ursprüngliche Bedeutung eines Kopfkissenwortes in der Literatur als Bild auferstehen kann, erinnert mich an die Traumdeutung von Freud, in der die Redewendungen in einem Traum sich wörtlich in Bilder zurückverwandeln.

[5] *Ki no Tsurayuki. Als ein Wintergedicht.*

335
Farbe der weißen Pflaume
geht unter im Schnee
Lass einen Duft von dir
strömen damit
man dich bemerkt[6]

339
Das Jahr das am Anfang einem
ungeschliffenen Edelstein glich
veraltet sich bei jedem Schnee
wie der Gedanke der mich überfällt
dass mein Leben bald verfällt[7]

---

[6] *Ono no Takamura. Ein Gedicht darüber, wie der Schnee auf die Pflaumen fällt.*

[7] *Ariwara no Motokata. Gedichtet am Ende des Jahres.* „*Aratama*" ist ein Kopfkissenwort für „Jahr". Ursprünglich bedeutete es eine neue Kugel, zum Beispiel ein Edelstein, der noch nicht geschliffen ist. „Tama" bedeutete alles, was mehr oder weniger kugelförmig und wertvoll ist. Dazu gehört auch die Seele. Ich habe das Wort „*aratama*" absichtlich wörtlich übersetzt. Ein Wortspiel mit „*furi*", also dem Fallen des Schnees, und „*furi* (altern)".

341
Ich lebte vor mich hin sagte gestern sagte
heute Der Fluss heißt jedoch
Asukagawa Der Fluss des Morgens
Einmal ins Fließen geraten
ziehen Tage und Monate stürmisch vorbei[8]

342
Ich trauere um das Jahr
das fortgeht
In einem klaren Spiegel
sehe ich die Abenddämmerung
meiner Gestalt[9]

---

[8] *Harumitsu no Tsuraki. Gedichtet am Ende des Jahres.*

[9] *Ki no Tsurayuki. Nach dem Verlangen der Kaiserin gedichtet. „Masukagami"* ist ein klarer Spiegel. Im Mittelalter war es technisch noch schwierig, einen klaren Spiegel herzustellen. Ein besonderer Spiegel wurde zu Ritualen verwendet. *„Masukagami"* ist außerdem ein Kopfkissenwort für *„miru* (sehen)". Daher sollte man das Wort nicht ausschließlich metaphorisch verstehen.

Literatur

ACKERMAN, Peter; KRETSCHMER, Angelika (Hg.) (2000): *Die vier Jahreszeiten. Gedichte aus dem Kokin Wakashū*. Frankfurt am Main; Leipzig: Insel Verlag.

BERNDT, Jürgen (Hg.) (1972): *Rotes Laub. Altjapanische Lyrik. Mit vier Dichterporträts aus Bildrollen des 13. Jahrhunderts*. Frankfurt am Main; Leipzig : Insel Verlag.

GRAMATZKY, August (Hg.) (1892). *Altjapanische Winterlieder aus dem Kokinwakashū*. Brill: https://www.jstor.org/stable/4524951.

KUBOTA, Ken; AKIYAMA, Jun (Hg.) 久保田淳　秋山虔 (1982): *Kokinwakashū. Ōchōshūkashū*. 古今和歌集. 王朝秀歌選. Tokio: Shōgakutosho 尚学図書.

KUBOTA, Jun (Hg) 久保田淳 (1979): *Kokinwakashū. Shinkokinwakashū*. 古今和歌集. 新古今和歌集. Tokio: Shūeisha 集英社.

LANGE, R. (Hg.) (1891): *Sommergedichte aus der Sammlung Kokinwakashu*. Brill: http://www.jstor.org/stable/4524887.

McCULLOUGH, Helen Craig (Hg) (1985): *Kokin Wakashū. The first imperial anthology of Japanese poetry*. Stanford, California: Stanford University Press.

SAEKI, Umetomo 佐伯梅友 (Hg.) (1981): *Kokinwakashū* 古今和歌集. Tokio: Iwanami 岩波文庫.

ULENBROOK, Jan (Hg.) (1996): *Tanka. Japanische Fünfzeiler*. Stuttgart: Philipp Reclam.

Das zweite Kapitel. Das gewöhnliche Alphabet als poetisches Medium

Der Fall eines Tänzers

gleiten auf der
oberfläche eines lichtes.
springen und einen bogen zeichnen.
wie schnell du fällst kann dir einstein
ausrechnen. wie lange du in der
luft bleibst weiß allein der
windstoß der musik.

Der Fall eines Tänzers

gleiten auf der
oberfläche eines lichtes.
springen und einen bogen zeichnen.
wie schnell du fällst kann dir einstein
ausrechnen. wie lange du in der
luft bleibst weiß allein der
windstoß der mu

Serie Grafiken: Ingrid Uhlmann

…it eines kreisels

nichts weiter als ein pinselstrich: deine flucht oder meine arbeit an anantomischem gemälde der verdoppelten welt. der globus dreht uns jahreszeiten an. es wird gebeugt gekniet und gekrochen um die ernte um das gold. In der Hungersnot gibt es einen überschuss an hitze und licht im leib, sonst würdest du dich nicht im kreis drehen unbeirrt, elegant, schweigsam und schwindelfrei

Portrait eines Kreisels

nichts weiter als ein pinselstrich: deine flucht oder meine arbeit an anantomisc

us dreht uns jahreszeiten an. es wird gebeugt gekniet und gekrochen um die ernte um das gold. In der Hungersnot gibt es einen überschuss an hitze und licht im leib, sonst würdest du dich nicht im kreis drehen unbeirrt, elegant, schweigsam und schwindelfrei

Portrait eines Kreisels

nichts
weiter als ein pinselstrich: deine
flucht
oder meine arbeit an anatomischem
gemälde
der verdoppelten welt. der globus
dreht
uns jahreszeiten an. es wird
gebeugt
gekniet und gekrochen um die
ernte
um das gold. In der
hungersnot
gibt es einen überschuss an
hitze
und licht im leib, sonst
würdest
du dich nicht im kreis
drehen
unbeirrt, elegant, schweigsam und schwindelfrei

Portrait eines Kreisels

nichts weiter als ein pinselstrich: deine flucht oder meine arbe

verdoppelten welt. der globus dreht uns jahreszeiten an. es wird gebeugt gekniet und gekrochen um die ernte um das gold. In der Hungersnot gibt es einen überschuss an hitze und licht im leib, sonst würdest du dich nicht im kreis drehen unbeirrt, elegant, schweigsam und schwindelfrei

Transformation Richard III

Ein Seeteufel hängt seine zackige Flosse nach oben
Transparent die Schuppen Die Gräten einer Harfe
So viel Shakespeare hast du gespeist und getrunken
Eine Opfergabe für Götter: dein Fleisch und eine Karaffe

Die Theaterbühne ist dein Kostüm gesteinskörnig
Die Materie der Kulisse verletzt deine Haut
Ein Hemd zum Ausziehen aus Halsketten geknüpft
Der Buckel im Netz der Lederriemen ist ein Ich

Obszön und ungeschützt ist das Königreich der Insel
Erfolg stammt aus der Geschwulst im Herrscherhirn
Vom Gewand der Rede zieht sich zurück der Zungenzipfel
In die Stummheit eines Tiers Es trauert nicht gern

Regieren wollte der der hängt und baumelt Einsam
Überlebt der Schauspieler den König jeden Abend
Das Innere des Schuhs bleibt dunkel im Publikum
Deine Nachttieraugen erkennen jedes Gesicht

Kachel

Kalte Stille. Krachende Kälte. An der glatten Fliesenwand konnte keine Mikrobe sitzen. Hinter der glasierten Oberfläche verdichteten sich die Stimmen der Toten. In der Werkstatt wurden sie von Meisterhänden und Maschinen mehrmals gepresst. Nach einem langen traumlosen Schlaf wurden sie in den Ofen geschoben. Kein Ton mehr war zu hören, kein feuchtes Husten mehr kam durch, die Materie war durchs Feuer gegangen, um sich zu den edlen Platten zu verwandeln. Mit ihnen wurde die Berliner Armut zugedeckt. Im neu gebauten Palast für die Lungenkranken. Er war ein Erlebnispark für diejenigen, die sich keinen Schweizer Zauberberg leisten konnten. Wie fühlte sich das menschenwürdige Leben an? Jeder bekam seine eigene Zahnbürste. Kochwäsche und das Kaltwasserbad. Der radikale Temperaturwechsel sollte die schlappen Lungenlappen stärken. In den eigenen vier Fliesenwänden war das Leben isoliert und daher kontrollierbar.

Die Kachel hatte einen Migrationshintergrund. In den alten Moscheen wuchsen Blätter und Ranken geometrisch auf den Kachelwänden. Sie trennten das Alltagschaos von den geordneten Reihen der Betenden. Auf der iberischen Halbinsel spannen die Kachelspinnen orangene und türkisfarbene Netze. Holländer nannten die keramischen Platten Tegel und malten mit windigen Pinseln blaue Schiffe und Windmühlen darauf. In den deutschen Heilstätten blieben sie weiß und isolierten die weiße Pest von der Außenwelt. Auch in der Zeit, in der die Schüsse krachten und das Soldatenblut den Boden färbte, blieben sie weiß wie Binden. Es gab sogar Patienten, die sich mit der weißen Farbe der Unschuld schmückten und nach der Heilung ein Unheil in Europa anrichteten. Fensterrahmen und Türen waren nie vor der Witterung der Geschichte geschützt. Zwischen dem Fußboden mit weißem Betonstaub und entkleideten Elektrokabeln an der Decke glänzt heute noch eine unbeschädigte Kachelwand.

Ein Mädchen und ich

Prasselnde Wortmeldungen
Regen oder ApplAUS?
Ohren wachsen pilz-artig
AufrichtigES Plüschtier
Ohne Großeltern
Schlummert der Hase
Online Oase
In der Pfanne
Brutzelt sein Pelzmantel
Erhitzte Ölindustrie
Lorbeersüchtig mobil
BrennEND einsam
Du ein Tippfehler
Ich dein Schatten

Ein Manuskript von Ilse Aichinger

Wörter sind Ziegel und eine Schreibmaschine setzt sie wie ein Maurer seine Steine. Die Stoßfuge der nächsten Reihe sollte möglichst in der Mitte des darunterliegenden Steins platziert sein. Bei dem Maurer geht es um die Stabilität, bei der Schreibmaschine um die Freiheit. Jedes Wort darf so lang sein, wie es will.

Der letzte Ziegel in einer Reihe ist immer zu lang. Den kann man mit einer Diamantenscheibe abschneiden. Das letzte Wort in einer Reihe wird entweder mit einem Bindestrich getrennt (es ist ein Widerspruch, dass ein Bindestrich trennt) oder man lässt seine Länge. Denn wer findet schon die Rechtsbündigkeit in der Poesie erstrebenswert?

Ich blicke auf die Oberfläche eines Typoskriptes. Das Wort „weit" sitzt direkt unter den Wörtern „meine" und „Sprache", um die beiden miteinander zu verbinden. Eine gelernte Maurerhand lässt keine unnötige Lücke zwischen dem Possessivpronomen „meine" und dem Nomen „Sprache". Dabei wird kein Mörtel verwendet, sondern das Wort „weit". Diese Weite versichert mir, dass eine Sprache nie eng wird, selbst wenn sie „meine" Sprache wird.

Das Wort „weit“ sitzt wiederum auf den Wörterziegeln „mich“ und „herum“. Damit die Weite nicht verlorengeht, muss ich um mich herumschauen. „Herum“ steht auf „uns“ und „sage“. Das Wort „Wir“ im vierten Fall zu denken („uns“) und seine Pluralität im Gesagten einer ersten Person Singular („sage“) zu finden: Darin besteht die Kunst des Schreibens.

Anders als ein Computer kann eine Schreibmaschine die einst geschriebenen Buchstaben nicht nachträglich hin- und herschieben. Je fester der Sitz der Buchstaben, desto freier die Lektüre. Manche Ziegelsteine sind länger als die anderen. Das Wort „Fremdwörter“ ist zwar relativ lang, aber nicht ganz so lang wie die zwei Wörter „keine“ und „Sprache“ zusammen. Also ist keine Sprache länger als Fremdwörter. Der Vergleich springt mir ins Auge, wenn ich lang genug auf das Typoskript starre. Ein langer Wortziegel wie „niederlassen“ ist zerbrechlicher als der kurze Ziegel „Sonne“. Deshalb kann der Aufenthalt in Deutschland trotz einer Niederlassungserlaubnis zu jeder Zeit zu

Ende gehen, wenn die Person nicht mehr „unverdächtig" ist. Aichinger war nicht immer unverdächtig, denn sie hat ständig gedacht.

Eine „Untertasse" ist ein letztes Überbleibsel aus dem bürgerlichen Leben, das keine existenzielle Bedrohung kannte. Nach dem Krieg fand sich die Untertasse in den Kaffeehäusern, wo die Autorin zu Hause war. Der gedeckte Tisch, gebügelte Servietten, glänzende Kuchengabeln und eine Kaffeetasse mit einer Untertasse. In einem Kaffeehaus bleibt die Schattenexistenz anonym in Sicherheit, bekannt und doch frei. Kaum geht sie nach Hause, verrät das Namensschild an der Tür die Identität der Bewohnerin. Sie muss dann schnell ihren Koffer packen und aus dem Haus flüchten, ohne dem Hausmeister, der ein Kollaborateur sein kann, Bescheid zu sagen. Eine Gewehrmaschine hat sie nicht, aber eine Schreibmaschine. Die Einwohner der Papierrepublik werden nicht mit einer Taste zum Verschwinden gebracht wie beim Computerschreiben. Jeder Buchstabe muss, wenn er nicht mehr gelesen werden soll, hinter einen Stacheldrahtverhau gebracht werden. Man kann später die Konturen der Gefangenen hinter dem X erkennen. Lesen kann man sie nicht mehr, sie leben weiter in ihrer Unlesbarkeit.

Einen anderen Tag versuche ich, ausschließlich die Buchstaben, die unfreiwillig dick aufgetragen sind, zu lesen. A, S, D, F: Diese Buchstaben liegen alle in einer Ecke auf der Tastatur, links mittig. Vielleicht hatte die Autorin mehr Kraft in den Fingern der linken Hand. Das große A sitzt zu tief, das B zu hoch. Ist der Schreibmaschinenarm mit metallenem Buchstabenkopf für die Unregelmäßigkeit verantwortlich oder der Arm der Autorin? Vielleicht sind das die Schriftzeichen selbst, die einer Choreographie folgen und nicht einer Ordnung. Die kleinen Buchstaben n und e sagen „ne!" und tanzen aus der Reihe. Die Uneinheitlichkeit entsteht durchs Schreiben, nicht durch einen technischen Mangel.

Familienalbum

Heute hast du deine Mutter
enterbt und sie durch eine Birke
ersetzt Morgen ist der Hund dein
Vater ein Seehund aus der Nordsee
Kinder
sind erdige Knödel auf dem feuchten
Schoß Wer hat deine
Butter entfärbt weiß und unschuldig
Du ziehst den Reißverschluss hoch
Au/g/renze geschlossen
Gren/z/unge trocknet aus
Das Tamagotchi des Nationalismus
Gefüttert mit Klicken und Krachen
Freiheit und Fisch jeden Freitag
Speist uns nicht ab
mit leerem Gutschein
Was für ein Knochentag
Wir werden nicht satt mit
Rot-grün-blauen Götterspeisen

Der Frühling wird aus der Nacht geboren

– Für Annette von Droste-Hülshoff –

Ein Mann mit Sopranstimme
Ein Männchen, wie ich ihn liebevoll nenne
Brüderchen, du lernst singen, wenn du eine Nachtigall bist
Dir wird ein Musiklehrer bestellt
Oder du gehst ein Federkleid kaufen auf einer Pfaueninsel
Ich als Weibchen der Familie Igel
Halte einen adligen Winterschlaf

Noch habe ich keine Glühbirne erfunden
Um meinen Winter zu beenden
Heimlich fürchte ich mich in meiner Bibliothek
Vor einem Knick in meiner Optik
Die Sonne bleibt an der Schwelle hängen
Verwaschene Gardinen werden wieder zugezogen
Und das Feld ist weiter aufgeteilt in Weib und Mensch

Der triste Herbst der Jugend
Eine junge Dame, herausgeklopft aus einem Kind
Am Horizont steigt ihr langsam
Eine Wolke der Erinnerung auf wie ein Schaum
Der erste Buchstabe nach der Geburt
Die Initiale A, die auf zwei Beinen aufrichtig steht
Wird altmodisch aufgeklärt im anmutigen Schlossgarten

Geboren ins offene Münsterland
Blickte die Kurzsichtige weit über den Tellerrand
Eingeschlossen in einer unsichtbaren Eierschale
Der Schweigekamp der Zeit stand kurz vor dem Finale
Neue Musiknoten waren für alle Vögel zugänglich
Das Mädchen griff zu, verwirrt und ängstlich
Hörte den Fürsten Tod kommen, gestiefelt und gespornt

Das Igel-Weibchen kauerte kugelförmig
Verteidigte sich vor dem Gelächter seelenruhig
Im Bauch brannten geheimnisvolle Kerzen
Aus ihnen sprang ein Feuervogel mit Balladen
Die Zauber der Sprache sticht heute ins Hirn der Spaziergänger
Wir halten inne, atmen ruhiger
Wie heißt sie, die mit Durst im Hals singt?

Die Nachtigall, ein feminines Wort
Singen kann aber nur ihr männlicher Bestand
Gestohlene Melodien mit selbst gehäkelten
Jede Symphonie dauert ein paar Atem-Sekunden
Immer ein Oktav höher als erwartet
Jeden Tag neue Einfälle, wie die Moderne es von ihr verlangt
Eine Sammlerin, eine Komponistin, eine einsame Primadonna

Mit einer Narbe im Federbauch
Kann sie Eier legen oder ist ihr Bauch
voll vom Vollmond
Wer singt?
Die Hungrigen
Oder die Mitternachtswolken?
Der Wind nickt ihr sanft zu

Kommt erst die Nachtigall, dann der Kuckuck
Die verlorene Jahreszeit kehrt zurück
So steht es in ihrem Manuskript
Der Spruch des Segels Lebt wohl ist storniert
Aus den nackten Zweigen wachsen frische Blätter
Durchzogen mit Adern und Fasern im Schatten der Gitter
In einer pflanzlichen Art warten sie auf die Musik

Im Himmel wächst ein Schwarm Gefieder
Von einem Ast zum nächsten hüpfen zarte Stimmbänder
Löst sich das Eingefrorene im Gesang auf
Wird das Vergessene herausgeholt aus dem eisigen Archiv
In einer grünen Dunkelheit bleibt die Nachtigall stets wach
Und vermehrt ihr Zittern mit Reimen tausendfach
Ohnmächtig hören wir ihr zu

Kommen ist ein schwaches Verb
Eine schönere Zeit, die einst starb
Wird wiedergeboren als ein transparenter Klang
Sie kommt den kleinen Pfad entlang
Kommen ist ein Omen ohne Komma und Punkt
Restlos klopft sie an die Tür, wühlt uns auf und ermuntert
Mit einem farbigen Intervall, jenseits von Dur und Moll

Die Wurzel eines Walfisches

Haben Sie geschlafen? Haben Sie lange geschlafen? Wie kam es, dass Sie gestern oder vorgestern mitten am Tag in einen plötzlichen Schlaf fielen? Sie hören noch ein Meeresrauschen tief im Ohr und das könnte ein Stück Erinnerung an die Zeit vor dem Verlust des Bewusstseins sein.

Sie waren ein Passagier, der allein auf dem Deck stand. Das Schiff schwankte und schaukelte Ihre Eingeweide. Dass Ihre Augen stechend schmerzten, lag am rücksichtlosen Sonnenlicht. Seltsamerweise enthält aber Ihre Erinnerung keine blaue Farbe. Der Himmel strahlte grün und das Meer wellte sich still in der Farbe eines Steingartens.

Im Altertum glaubte man, es gebe nur einen Ozean, er sei viereckig und in seiner Mitte ruhe ein riesiger Wal.

Die Moderne stellte das Riesentier auf einen Sockel wie einen Helden. Man begann die Natur zu lieben, die nicht mehr gefährlich zu sein schien.

Jedes Lebewesen trocknet aus, wenn aus ihm eine Statue gemacht wird. Auch ein Wal. Insofern könnte jeder Stein auch ein Tier gewesen sein, wenn man ihn nach einer längeren Zeitspanne betrachten würde.

Jeden Morgen sehen Sie ihr Gesicht im Spiegel der viereckigen Zivilisation und gehen ins gläserne, zerbrechliche Hochhaus. Heute treten Sie nicht ins Gebäude und stattdessen spüren Sie große Lust, den steinernen Wal zu berühren. Selbst die leichteste Berührung könnte das Ganze schon aus dem Gleichgewicht bringen und ihn vom Sockel abstoßen. Er wird ohne Schwierigkeiten in der Luft schwimmen genau wie in einem Ozean und der scheinbar stabile Sockel wird zur Seite fallen. Es war das Gewicht der Steinzeit, das das Hochhaus bis dahin von oben unterstützt hat.

Die zweite Hälfte der Orange

Wer mit Worten spielt
Kennt keinen Stillstand
Ohne Halt fährt der Zug
Ruhe gibt es hier genug
Reserviert online denn es war eilig
Ausgerechnet im Ruhebereich
Streitet ein Paar zum ersten Mal
Laut wie Sänger im Konzertsaal
Ein Baby schreit und zerreißt die Luft
In deinem Arm schaukelst du es sanft
Vater zu sein war ein Traum
Dichter zu sein: ein Aquarium
Transparent ohne Ausrede
Schreibst du fünf kleine Goldfische
Sieben Ozeane mit einem Pinsel gereist
In fünf Fingerseen in Michigan geangelt
Sakana, Kana, Na

Im Ruhestand steht man ruhig
Kein Sitzplatz dafür mühselig
Baut man ein Haus ohne Dach
Engel fallen ins Bett mit einem Krach
Beflügelt Tsubasa Basa-basa,
Im Himmel gibt es kein Sofa
Im Ruhestand steht der Satz
Mit reichhaltigem Wortschatz
Wohltemperiert Saite an Saite
Unter dem Geigenbogen andante
Stille ist, wenn man Geister hört
Wie aus einer vorbeigefahrenen Zeit
Die zweite Hälfte der Orange
Genauso frisch wie die erste

Martin Luther und sein Baum

O Tannen-Kaum, schütze mich
vor der himmlischen
Elektrizität! Schwanger von
Blitz. Ein Licht-Kind
befleckt mit Muttermalen und
nimmer grün.
O Tränenbaum,
auf einer rhythmischen Wiese.
Herber Honig seine Rinde.
Eine windige Schrift.
Das Milchige ins Wörtige
zu übersetzen.
Ein Spiel-Kaum für eine
täuschende, deutende Sprache.
Der Mensch wiegt fast nichts.
Faust-Nichts, Tauge-Nachts,
wimmert von Wünschen,
würmerartige Vermehrung des
Wollens, Baum-Wollens.

Eure Gabe,
einen T(r)eufel zu wählen
weil Eurer Vater, nicht Unser, Euch keine
Wolke gab,
wollen, wollen,
bodenlos wollen.
Ein Scheinwechsel.
R in L wechseln, Herr,
ich meinte hell,
flimmernde Bibel-Blätter
ohne jeden Baum.

Bambusphönix

Kalligraphie ist nicht nur eine Raumkunst, sondern eine Zeitkunst wie Musik. Wann beginnt aber die Bewegung eines Pinsels in der Luft und wann endet sie, wenn überhaupt? Die schwarze Spur auf dem Papier, das Schriftzeichen, hält nur eine kurze Phase des unendlichen Schreibens fest.

Wie sieht der Pinselansatz der Musik aus? Ich möchte genau den Augenblick miterleben, in dem der erste Ton der Komposition das weiße Papier des Gehörs färbt. Ich halte den Atem an und warte gespannt. Im großen Konzertsaal herrscht eine Stille. Alle haben dieselbe Absicht: den ersten Ton zu empfangen. Als könnte man dann begreifen, was die Stille ist und was die Musik.

Wir hören aber nichts, wenn ein Musiker einatmet, obwohl die Musik spätestens dann schon begonnen hat. Wir hören immer noch nichts, wenn der Atem vorsichtig ins Dunkle des Bambus eingeblasen wird. Und beim ersten hörbaren Ton sind wir nicht einmal sicher, ob es sich um einen oder mehrere Töne handelt, und schon ist das ganze Bündel der Stimmen da. Der Akkord schwillt an, bis er jene unerträgliche Spannung erreicht. Widersprüchliche Emotionen werden wachgerufen und schweben wie Geister der Toten in einem Raum, der durch die Musik neu entstanden ist.

Dem japanischen Musikinstrument „Shō" habe ich das weibliche Geschlecht gegeben, zumindest grammatikalisch, denn es ist eine Art Flöte und funktioniert ähnlich wie eine Mundharmonika. Beide sind auf der deutschen Zunge feminin verkleidet.

Das Wort „Musikinstrument" klingt für meine Ohren zu technisch. Ein Messgerät kann ein Instrument sein oder ein Werkzeug, aber ein Musikinstrument hat sein eigenes Leben wie ein Tier. Im Altertum wurden die Trommeln und die Flöten als Vermittler zwischen der menschlichen und der kosmischen Welt angesehen. Die Shō verkörperte den mythischen Feuervogel Phönix. Die siebzehn Röhren aus schmalem Bambus stellen seine Flügel dar.

Man sagt, dass die Shō ausgesprochen launisch sein kann. Keine feuchte Stimmung kann sie ertragen. Der Atem des Spielers darf niemals wärmer sein als die innere Temperatur der Shō. Einmal musste ich in Graz für eine japanische Musikerin einen Camping-Kocher besorgen, mit dem sie ihre Shō kurz vor dem Auftritt wärmte.

Der Komponist Toru Takemitsu erzählte gern die folgende Episode: Eines Tages geht er mit einem der besten Shakuhachi-Spieler in einem Sukiyaki-Restaurant essen. Auf dem Esstisch zwischen dem Komponisten und dem Musiker brutzelt der Topf mit Rindfleisch und Gemüse. Sie sitzen zwar in einem separaten Raum des Restaurants, aber es ist keineswegs ruhig dort, weil die Straße draußen stark befahren ist. Auf Takemitsus Bitte holt der Meister seine Shakuhachi heraus und spielt ein Musikstück mit dem Titel „Kokuu" (die Leere). Zuerst wird ein kräftiger Atemstoß ins dicke Bambusrohr geschickt. Takemitsu findet den Ton, der dadurch produziert wird, unsauber. Er meint es aber nicht abwertend. Die Reihe der unterschiedlichsten Töne, die für sich stehen könnten, wird langsam zu einer wundersam sensiblen Musik. Als sie zu Ende geht, fragt der Shakuhachi-Meister, ob man nicht jetzt das Brutzeln im Kochtopf klarer höre. Takemitsu nickt erstaunt. Das Geräusch des kochenden Wassers sowie der Lärm des Straßenverkehrs sind im Laufe der Musik immer klarer geworden, aber auch die Musik selbst, die durch nichts mehr gestört werden kann. Es geht nicht darum, die Musik von der Nichtmusik zu reinigen oder zu versuchen, alle Störgeräusche zu vernichten, sondern die Musik als solche wahrzunehmen, die mitten im Lebenslärm existiert. Je geöffneter das Ohr für alles Hörbare, desto stärker strahlt die Musik ihre Besonderheit aus.

Weil ein Musikinstrument einen materiellen Körper hat, kann sein Ton nicht reibungsfrei und sauber sein. Der Shakuhachi-Spieler versteckte das Unreine nicht, sondern setzte es mitten in den Lärm des Lebens.

In der Natur gibt es eine Musikerin, die als nervige Lärmmacherin bekannt ist: die Zikade. Sie produziert mit ihren Flügeln eine pseudoelektronische Musik, die archaische Gefühle in uns wachruft. Der Komponist Toshio Hosokawa, der mehrere Musikstücke der Shō widmete, sagte, dass ihn ihr Klang manchmal an Zikaden erinnere.

Jedes Mal, wenn ich gefragt werde, wie das Wort „Harmonie" auf Japanisch heißt, werde ich verlegen. Und der Fragende wundert sich, weil er glaubt, dass die Japaner nach der Harmonie streben würden. Vielleicht in der Gesellschaft, aber nicht in der Musik. Wenn ich die Akkorde aus der Shō höre, ist „harmonisch" nicht das Wort, das mir einfällt. Vielmehr ist ihr Klangraum chaotisch-konzentriert, dicht-leer und unmenschlich-emotionell.

Mädchen-Schatten-Stadt

Weiß gehört mir
Die erste Person, Singular
Ich weiß, es ist
weiß wie eine MarshmallowMaus
in einer DamenHandTasche
aus weichem NaturLeder
rau
Allerlei KleinKram:
Ringe, Stifte, Tempo in der
Tiefe lähmend warm
gesammelt
des Vaters RasierKlinge
schnitt in meine
Finger, als ich noch
nicht ich war
Heisere Hunde und Libellen.
Der lange SommerAbend beugt sich
und pustet auf meine Stirn
Muse
in einem Mörser
Ich mahle sie wie ein WortKorn
Ich mahle und male die Zeit spiral
reibe Tusche nachträglich
Maus, es ist die dritte MahlZeit
komm zur Tafel!

ruft der Teufel der Kunst
Das Mädchen sitzt brav mit blassem Gesicht
am Tisch nicht ich sondern
das ZuckerWesen ohne Maul
Die TischDecke hat ein MutterMalMuster

Im Licht der Ketzer
blinkt eine silberne Gabel
Sie sticht, es quillt
nicht rot das Blut denn der
FilmRiss ist schwarzweiß
SchnittLauchSoße
benässt meine Finger
Servietten mit ReißVerschluss
geöffnet ich habe
gesehen
ein Stück Fleisch
Mein Ungeborenes liegt am Boden
Heb auf, Amme!
Eine DrehArbeit für die WirbelSäule
Unter dem blanken EssTisch rieche ich
SchaumGefühl jemand trinkt
Bier

Wir
sind die Familien Klamotten
vom Leib reißen
Das Mädchen rennt davon
erhebt sich in den Äther
Es war nicht besonders schwer
Man muss bloß die eine
SchnittStelle in der Soße finden
und abtrennen
Eine Stimmung zum Beispiel, sie
ist zu chemisch bestimmt oder
Gefühle zu fleischhaltig
Ich bin mein Schatten
kenne keine Oxydierung
schwebe gewichtlos
Schwarz kann man vertrauen
Die Farbe ohne Kompromiss
Keine Axt kann mich spalten
Unangreifbar
ist die edelschwarze DoppelGängerin
Ich lebe
außerhalb
meines Körpers

Die Kraft der Schlaflosigkeit
Trockne Hitze einer VerhörsBirne
Ein FeuerZeug droht klickend
Ich bleibe kalt
FegeFeuer? Nie gehört
Das Licht ist meine Negativ
Freiheit gedacht zu ende Ende ein Tod
Ich bin die Architektin meiner
Nacht
baue HochStraßen
kratze an den GardinenWolken
lege die Schienen für die
splitternackte AchterBahn
Über die Köpfe der PlastikBäume
baue ich eine mutige EisenBrücke
Sie wird befahren von allen
AugenWinkeln
Meine FlugLinie zeichnet den GrundRiss
Kein Bewohner wird dort wohnen
können wollen
Ich brauche keinen Platz
wie der Mond wenn er sich
vor die Sonne stellt

Gedanken über unsichtbare Inselgruppen

Jemand spielte Klarinette,
als ich den Wind schmeckte im Meeressalz.

Auf der ozeanischen Metallplatte
ein rasselnder Erbsentanz.

Im Sand strandete eine Schachtel Zigaretten,
zerquetscht im ozeanischen Schmutz.

Durchnässt die Papierröhrchen-Skelette.
Ein Kind verdorrt ohne Schutz.

Es bettelt vor jeder Gaststätte.
Der Traum auszuwandern: sein einziger Schatz.

Krallige Wellen schwingen alte Sklavenkette.
Das Schmuggelgut Mensch spuckt Umsatz.

Im Abendrot las ich eine Silhouette
und die Flaschenpost ein fremder Kratz.

Wenn ich gefragt hätte
die Toten von diesseits und jenseits,

wäre ich angstfrei wie eine Marionette,
würde ich tanzen auf einem versteinerten Gesetz.

Ist der Globus ein Diamant oder nur eine Fassette?
Eine andere Melodie auf jedem Stehplatz.

Der Atlas ist die Bühne deiner Operette.
Wer reisend schreibt, bekommt im Traum einen Korallenkranz.

Ohne Gitter

I) Auszeit von Menschheit

Tausendfach Oberflächen gibt es als Option
Zum Menschsein:
Willst du Kain, Kokain oder Coco sein?
So verräterisch, so berauschend, so erfolgreich!

Kein Mensch zu sein
Fällt mir ein als eine heimliche Wahl
Oder ist es unverschämt surreal
In einem aufgeklärten Land?

Heimweh ist ein Weg zurück in die Materie,
In die Stummheit eines Bleistiftes.
Frei von Stolz und Verletzbarkeit will ich da-
stehen wie eine schlichte Straßenlaterne.

Ich kauere in einem ungesehenen Kräutergarten.
Die Krallen wachsen in der Dunkelheit.
Aus den schnabelharten Lippen
Spucke ich illegale Vokale aus.

Zwischen der Nonnenzelle und dem Podest
Öffnet sich eine Zeithöhle der Schamanen.
Bis die Bewährungsfrist abläuft, reime ich
Kardinal auf marginal.

Niemand rüttelt an meiner Tür. Eine ungewollte
Privatsphäre. Verunsichert kocht man das Ei zu hart.
Das archaische Küken trocknet aus im Innenraum.
Die ewige Sperrstunde jenseits der Moderne.

Barfuß im Schnee betrete ich einen Supermarkt.
Den Einkaufswagen verweigern und an der Kasse
Einen Haufen Kleingeld zeigen. Die Mikroben
Sind im Pfennigkraut zu Hause.

Als ich am Hafen ankam und mich auszog,
Sagte man mir, meine Karies sei altmodisch.
Ich solle ein Mensch werden und den Arbeitgeber
Anklagen, der mich nicht als Menschen behandele.

Mit farbigen Kissen und prächtigen Plakaten
Schmückte ich einen Raum, der mir zustand.
Das Verb wohnen kannte ich noch nicht.
Nur das leben, klein geschrieben.

Leben kann ein Vogel besser als ich.
Im Schwarm der Metamorphosen werde ich stets
Ausgegrenzt, wo es kein Außen gibt. Mein Name
Wird immer länger: Einsiedler-Grünkleidervogel.

Mensch-werden mit Hilfe von Geräten:
Einem Funkwecker, einem Fernsprecher
Und einem Ich, das infiziert vom Zittern der anderen
Nur noch abonnierte Wörter spricht.

Im Fernsehapparat sitzen sieben Bürger im Kreis.
Ein Kopfschütteln über uns ohne uns.
Aus der Klimaanlage ein staubiges Husten.
Umzugsfirmen füttern täglich meinen Briefkasten.

Die eigenen vier Wände blättern unbemerkt ab.
Bin umgeben von Zetteln, die mir die Toten zustellen.
Die Flut, das Blut, die Morgenröte.
Ein kräftiger Flügelschlag von Eos.

II) Meldepflicht

Das Land, das aus zwei Kriegen als Sieger schlüpfte,
Wollte ein moderner Staat werden
Mit dem Gesetz, das die Leprakranken zwang,
Von der Bühne der Menschheit auszutreten.

In der Peripherie jedoch nicht auf einer Insel
Wurde die Heilanstalt gebaut und bewacht.
Der Polizeipräsident übernahm die Chefvisite.
Die Zedern wachsen wie Gitter im Kopf.

Tamio Hôjô, geschrieben in den Dreißigern,
Als sich die Kommunisten ihre Knie brachen
Und die Militärstiefel den Nachbarländern drohten.
Tamio, ein kleiner Literat, ein Frauenheld.

Der Würfel blieb nicht in der Luft. Der böse
Erreger traf den jungen Mann, nistete sich in ihm ein.
Ein Fall, nach dem Zufallsprinzip ausgewählt,
Aussortiert. Die Lepra, damals noch rai genannt.

Tamio stand auf einem Kliff mit einem Freund, auch erkrankt.
In der Anstalt überleben oder in den Abgrund stürzen?
Der Freund warf das eigene Gehirn ins schroffe Tal.
Tamios Füße blieben auf der Seite der Sprache.

Blasse Flammen flackerten klein in einem düsteren
Krankensaal. Nicht freiwillig dennoch würdig genug
Haben sie ihre Menschenhaut abgelegt.
Nur noch als ein Stück Leben atmen sie weiter und leuchten.

War ihr Leben ein Überrest der Sterne? Unmenschlich
Wie Phosphor, menschlich wie ein Buch.
Licht-tragend ohne Namen und Geschlecht
Behielten sie den Leib als ihren letzten Zeitraum.

Der Name Tamio wurde aus dem Stammbaum gelöscht.
Gefiltert und geputzt durch die Krankheit, freigesprochen
Von Erwartung und Hoffnung, wurde er zum Verb leben.
Tamio nahm ein zweites Verb in die Hand: schreiben.

Niemand dort beendete sein Leben mit einem Nagel,
Der in die Fußsohle stach und aus dem Fußrücken trat:
Schmerzlos. Zerfressen war das menschliche Netz der Nerven.
Die Namen des Fleisches wurden vergessen, nicht heiliggesprochen.

Keine Isolation geschah freiwillig. Tamio, der unheilbar Gefangene.
Ohne Glaube vollzog er ein Leben in Klausur.
Im dichten Nebel feilte er seine Sätze, die zu uns
Sprechen in einer verlorenen Zukunft.

III) Der Heilige und der Löwe

Was macht ein Eremit in seinem Homeoffice?
Er lernt die Sprache der Juden und übersetzt die Bibel,
ein hybrides Buch über Wüstenbewohner,
In die Sprache der EU, der Europäischen Unterwelt.

Wer das Unbewusste annimmt und U-Bahn fährt, kennt
Keine Angst. Über die Finsternis unter den Fußsohlen
Berichtet die Presse unbeschönigt. Kein Journalist
Wird deswegen verhaftet. Die Regierung lächelt stets jovial.

Mir wurden Reklamebilder genommen. Wie kann ich
Meinen Blick abschweifen lassen? Zwischen den Waren schwimmen?
Tröstlich dünn war mein Leben als Passantin,
Als die Läden noch ihre Mäuler öffneten.

Heute blicke ich in die eigene Höhle. Keine Seele flackert dort,
Aber eine Kammer hinter dem Augapfel, aus der höre ich
Den Atem einer Raubkatze und anderer lieber Geschöpfe.
Es ist ein Museum, wo die Tiere zu Hause sind.

Cranachs Kardinal verbindet die verletzte Löwenpfote.
Der König der Mammalia lässt sich pflegen ohne Widerstand.
Wie ähnlich sind die rechten Arme bei den genetischen Brüdern,
Dem Heiligen Hieronymus und dem Löwen!

Begehrst du zu wissen, was ein Mensch in seinem Kern ist,
Wische alle Farben von Leib und Raum! Betrachte die Misere
Als unvollendete. Diese sei nicht die letzte
Abgeschiedenheit, sagt Leonardo da Vinci.

Aus den zugemauerten Museen fließen die Bilder hinein
In den leeren Schädel hinter meinen Kontaktlinsen.
Der Vollbart des alten Kardinals schmeckt nach Zuckerwatte.
In der eleganten Tracht altert das heilige Gesicht bei Rubens.

Der lederartige Arm ähnelt dem Profil des alten Buches,
Das einen Schädel auf dem Tisch vom Kopf des Heiligen trennt.
Noch halten die knolligen Finger einen Stift fest. Rechts brennt
Die Tracht rot, links liegt das eisig weiße Totentuch bei Caravaggio.

Eine Jugend aus Muskeln. Die Fußsohle noch feucht vom Rennen.
Hinter den verführerischen Beinen wie eine Maske ein Löwe.
Tintoretto lässt die Haut durchbluten, die Tracht verbleichen.
Die Flügel einer Putte auf dem Schoß gefangen zum Küssen.

Der lange Korridor menschenleer. Bilder an der Wand
Sammele ich nachtwandelnd. Was dort hängt, muss nicht
Dort eingehen. Aus meinem schrumpfenden Revier
Dehne ich meine Glieder in Richtung magische Übersetzung.

Komm nicht zu nah ich strahle

1
Vierzehn Jahre alt kannst du werden
Der strahlende Ortsname als Verfallsdatum
Einzig schuldig sei der Wind murmeln die Gelehrten
Hätte er keinen Lichtstaub gebracht
Wärst du unbeschädigt geblieben

2
Von der Tischkante in der Werkstatt des Vaters
So weit wie möglich entfernt Am besten im Ausland
Soll das Kind spielen heiter und einsam
Kein Ventilkolben lässt sich wirklich reparieren
Komm nicht zu nah ich strahle

3
Ein leises Zwitschern des Wassers über dem Kopf
Vergessene Flügelwesen Leere Bäume
Die ungerechte Ohrfeige Ein rasender Fußsoldat
Schießt auf die herrenlose Hündin Der Granit
Steht aufrichtig mit animalischer Inschrift

4
Lass den Bildschirm weiterschlafen
Zeichne mit der Nasenspitze das Wort
FERN Die Geliebte schaltet das Radio an
Katastrophe klingt preiswert
Neben biologischen Kochrezepten

5
Wirr nennen sie mich wenn ich
Den Wir-Ton nicht treffe Mir wurde
Das angeborene Gesicht ausgeschält
Würdest du mich wiedererkennen
An der zerzausten alten Melodie

6
Ich höre einen Arzt die Treppen steigen
An meiner Tür vorbei und irgendwohin verschwunden
Kein Kittel mehr Nur noch eine weiße Fahne
Mein kleiner kranker Apfel im Hals
Spricht stimmlos verfault mehlig braun

7
Alles was blitzt und leuchtet
Entferne ich mit Pinzetten bevor es
Die tintenschwarzen Hirnzellen zerlegt
Im Schatten fühlt sich die Feder heimischer
Gedanken sind lichtscheu

8
Durch einen Schacht steigt ein Gelächter
Tiefe heisere Kinderstimmen
Hast du gelöscht mit ungeprüfter Muttermilch
Den einst getippten Bericht über Ex-Kinder
Über ihre theoretische Unsterblichkeit

9
Kein Bauer geht ohne seine Kühe
Ins Exil Lieber eine Scharade
Als diese euterlose Regierung
Ins Plastik-Gras beißen Der Speichelspruch
Fließt zwischen eingeschüchterten Schenkeln

10
Die beulige Kopfhaut vorsichtig durchkämmen
Der schwarze Regen der Haare fällt
In den knochenweißen Waschbecken
Müde Schuppen Beim Schlangenritual starren
Zwei ovale Löcher aus dem Spiegel

11
Im ersten Jahr wächst kein Pilz im Wald
Bombenbeeren fallen ab bevor sie ausreifen
Im dritten Jahr hört man einen Kinderchor
Wir sind gesund fast zu gesund
Somit auch das ganze Land

12
Tiere verfilzen sich im Medienteppich
Die Hörner wachsen aus dem Kahlkopf
Geraubt ist mir ein handfester Tod Ich kenne
Keinen Ekel Die Nähe zu allen Zeitgenossen
Kot und Blut verschmiert

13
Es war mal ein Loch in mir sternförmig
Selbst eine Straße nennt sich invalide
Kettenweise Kriege und trügerische Heilungen
Bei jedem trocknen Husten knirscht das Knie
Weich stehen wir Bitter küssen wir fremde Wunden

14
Niemand sagt dir Bescheid wenn deine Schuhe
Staubig vor der Tür warten Was passiert weiß auch
Der Junge nicht und putzt schweigsam deine Füße
Du und er die einzigen die kein Flugticket für den
Letzten Akt bekommen

15
Die Verlobte begrub den Ring unter der Erde
Der Diamant ist ein zerquetschtes Mineral
Sein Glanz an Fußketten der Edelsteinfamilie
Luftig unterwegs sein ohne das Gewicht des Urans
Flüchtig wiederkommen ohne Anspruch auf ein Erbe

16
Ein Sumpf war sie im Herbst als es noch regnete
Rissig die braune Erde Durstig nach der Paarung
Tausendfach schwangere Frösche mit ihrem
durchsichtigen Bauch Auch ich
Stehe nackt mit entblößten Zellen

17
Eine Hand voll Asche nehme ich mit
Wenn ich das Urgroßelternhaus verlasse
Ihre Pulveraugen möchten sehen
Die neue Stadt meine Zukunft wo niemand
Uns kennt.

Meteo-lancholie

Sag nicht, es sei ein trübes Wetter
Der Regen klopft auf die metallene Haube
Behaglich im milden Licht

Schalte den Scheinwerfer der Sonne aus
Flüssig sollte der steinerne Tag werden
Ich föne dem Morgen sein feuchtes Haar

In den Vorhang mit aufgegangenem Saum
Wickele ich mich weiß stelle mich tot
Das Hirn schweigt unter einer Glasglocke

Schwarz wäre wärmer grau wäre heiterer
Wolken versprechen den Gewinnern ein Gewitter
Besser als ein Lichtstau

Das Leben ist ein Familienausflug
Mich nahmen sie nicht mit Lass mich
allein mit meiner Wolkenrepublik

Kritik an die Sonne

Bratringe mit Schuldsahne
Herzhaft und bedingt verdaulich
Ein verrostetes Tor des Fabrikgeländes
Schräge Schatten des Untergangs
Lob nicht die Sonne voreilig Sie macht durstig
Was soll der Baum mit ausgetrockneten Wurzeln
Wer keine Vorhersage liest
Dem regnet es nie
Deine Uhr tickt schneller im Herbst
Das Laub des Schlafes muss sich vom Licht erholen
Das Grau kann das Blau in sich ruhen lassen
Das Blau stößt das Grau von sich ab

Schweigen

Ihm fällt nichts mehr ein.
Das ist kein Schweigen.
Zu viel Überblick macht ihn
klug aber wortarm.

Sie beschmutzt ihr Schweigen mit
Tränen.
Gefühl ist etwas schon Gefühltes, Ge-
wischtes, Geklärtes.

Offene Worte sind
Schmuck und Schminke.
Besser nackt auftreten. Maskiert mit
unbeschriebenen Bettlaken bist du eine
ruhelose Mumie oder eine
einsame Archäologin.

Händler verkaufen dein Schweigen als
Gold. Eine Mogelpackung der Tugend.

Verschweigen ist ein falscher Bruder des
Schweigens. Hinter dem angehaltenen
Atem steigt eine Atomhitze durch die
Luftröhre. Brennende Schleimhaut.
Tödlich rot geschwollen.
Niemand sagt kein Wort und
es wird doppelt geschwiegen. Was hörst du?

Ein leises Klagelied des Kühlschrankes
vermischt mit dem Gebet der Klimaanlage.
Die Stille ist, wenn man Elektrizität hört.
Meine Stiefmutter, die mich ersetzt durch ein
Ach! Ka! Weh!

Neige oder Schnee
- für Paul Celan -

Taub im Himmel
Streut der Winter
Weiße Blätter.
Weinen in Bordeaux.
Neige der Glasglocke
Celan antwortet grafisch
Ohne sich zu entscheiden
Zwischen dem Schnee und
Der Neige.

Hamlet No See

fliege (tobe), fliege, schwarzmilan (tombi), fliege, schwarzmilan, fliegen oder nicht fliegen, to be, oder, or not to be: ist es ein problem? iss (que), wurde mir gesagt, aber ich kann nicht essen, das ist eine que-stion, pilze aus fukushima, stand auf dem schild, wenn ich essen könnte, würde ich für sie essen, bitte genießen sie ihre speisen, iss nicht, nie, niemals, es gibt nichts, nichts zu essen, iss (que), iss, que-stion, kann man essen? tomaten aus fukushima, kohl aus fukushima, rettich aus fukushima, steht geschrieben, mit dem zauberstift eines gemüsehändlers, iss, kann nicht essen, that is the question: whether sicher oder schädlich, zwar schädlich aber doch gesund, nein, sicher dennoch erregt krankheiten, sicher weil geprüft, die sicherheit in form einer zahl, in den adern der augen ist eine rote ampel, blitzt, blitzt, das bewusstsein, in the mind, enthält qual, suffer, shakespeare wird hörbar, stockend, von der anderen seite des verseuchten meeres, warum machst du dir das meer zum feind, du lässt den tod ins meer abfließen, sterben oder nicht sterben, der tod (shi), against the sea of troubles, in fukushima, to die: to sleep; no more; and by a sleep to say we end, kann nicht die sprache des meeres verstehen, sagt es, dass es nicht weiter atmen kann? oder sagt es „halbwertszeit“? wenn ich mit dem meer sprechen könnte, and the thousand, tausend und achttausend jahre weiter dieses leid natural shocks, ein schock ohne halbwertszeit, die ohren spitzen und wenigstens die sprachen, die ich heraushören kann, aufsammeln zwischen den wellen, ausschreiben, to die, to sleep, nicht einschlafen, que, que, question of shi, shi, shakespeare.

(deutsche Übersetzung eines eigenen zweisprachigen Gedichts)

Hamlet No See (Original)

飛べ、飛べ、とんび、飛べ、とんび、飛び、
飛ぶべきか、飛ばないべきか、
To be, それとも　or
not to be:
それは問題か、
喰え、と言われても、喰えない、
それが問題、que•stion,
フクシマのマッシュルーム、と書いてある
喰え・たら喰ってあげたい、
召し上がってくれよ、
たべる な、ない、ないん、ないんだ
喰え、喰え、クエスチョン、
食べられるのか、
フクシマのトマト、フクシマのキャベツ、フクシマの大根、
です、と書いてある　やおやのマジックペンで
喰え、喰えず、クエスチョン、

that is the question: Whether 安全か危険か 危険だけど健康　いいえ　安全だけと病気にはなる 調べたから安全です、数字でかく安全、目の中の血管の赤信号、ぴかっぴかっ、意識の中にin the mind 含まれた苦悩、suffer　シェイクスピアが途切れ途切れに聞こえてくる、海の向こうから、汚れた海の向こうから。なぜ海を敵にまわすのか、死を海に垂れ流す、死ぬのは、死なないのは、死、against a sea of troubles, フクシマのTo die: to sleep; No more; and by a sleep to say we end 海の言語が分からない、もう息ができないと言っているのか、それともまだ還元できると言っているのか、海と話をすることができたなら、and the thousand 千代に八千代にこれから苦しむnatural shocks 自然には還元されないショック　耳をすまして、聞き取れる言語だけでも、波の間から集めて、書き留めて、To die, to sleep　眠らないで、喰え、喰え、クエスチョン・オブ、死、死、シェイクスピア。

Bücher von Yoko Tawada

Nur da wo du bist da ist nichts (Gedichte und Prosa) 1987

Das Bad (Kurzroman) 1989

Wo Europa anfängt (Gedichte und Prosa) 1991

Ein Gast (Erzählung) 1993

Die Kranichmaske die bei Nacht strahlt (Theaterstück) 1993 (Uraufführung in Graz, Gastspiel in Hamburg und Berlin, Neuinszenierung in Nürnberg)

Tintenfisch auf Reisen (Drei Erzählungen)1994

Talisman (Literarische Essays) 1996

Aber die Mandarinen müssen heute Abend noch geraubt werden (Traumtexte) 1997

Wie der Wind in Ei (Theaterstück) 1997 (Uraufführung in Graz, Gastspiel in Berlin)

Verwandlungen (Tübinger Poetikvorlesungen) 1998

Orpheus oder Izanagi. Till. (Ein Hörspiel und ein Theaterstück) 1998 (Uraufführung in Hannover, Gastspiele in Tokyo und Kyoto)

Spielzeug und Sprachmagie in der europäischen Literatur: Eine ethnologische Poetologie (Promotion, 2000)

Opium für Ovid. Ein Kopfkissenbuch von 22 Frauen (Roman) 2000

Überseezungen (Literarische Essays) 2002

Das nackte Auge (Roman) 2004

Was ändert der Regen an unserem Leben? (Libretto) 2005

Sprachpolizei und Spielpolyglotte (Literarische Essays) 2007

Schwager in Bordeaux (Roman) 2008

Das Bad. (Zweisprachige Neuausgabe. Der japanische Text wurde hier erstmals veröffentlicht) 2010

Abenteuer der deutschen Grammatik (Gedichte) 2010

Fremde Wasser (Hamburger Poetikvorlesungen) 2012

Mein kleiner Zeh war ein Wort (12 Theaterstücke) 2013

Etüden im Schnee (Roman) 2014

Wo Europa anfängt & Ein Gast. Prosatexte und Gedichte. Neuausgabe der beiden vergriffenen Bücher in einem Band (2016)

akzentfrei (Essays) 2016

Ein Balkonplatz für flüchtige Abende (Prosagedicht) 2016

Sendbo-o-te (Roman, aus dem Japanischen von Peter Pörtner) 2018

Paul Celan und der chinesische Engel (Roman) 2020

(Alle Bücher in mehreren Auflagen erschienen; sie bleiben lieferbar.)

Frühjahr 2023: Eine Zungengymnastik für die Gender-Debatte. Essay (erweiterte Poetikvorlesungen, gehalten in Bamberg)

Außerdem: CD „diagonal" zusammen mit Aki Takase (Lesung mit Musik) 2002

In Japan zuletzt:

Kentoshi (Kodansha, Roman) 2014

Hyakunen no sanpo (Shincho, Prosa) 2017

Shutaine (Shicho, Gedichte) 2017

Chikyu ni chiribamerarete (Kodansha) 2018

Ana-aki-efu no hastukoi-matsuri (Bungeishunju) 2018

Hoshi ni honomekasarete (Kodansha) 2021

PF 1621, D – 72006 Tübingen,
Telefon: 0049 (0) 7071 66551 und 0049 (0) 172 7233958,
gehrke@konkursbuch.com
Gestaltung: Verlag, Claudia Gehrke.
Covermotiv, Vorsatzseiten und S. 45/46: Ausschnitte aus dem Gemälde „Nevermore" von Paul Gauguin (1897)
S. 10, 24, 38: Verlagsarchiv
S. 48 ff., 52: Ingrid Uhlmann

konkursbuch.de
Gerne schicken wir Ihnen auch unser gedrucktes Gesamtverzeichnis.

ISBN: 978-3-88769-280-3

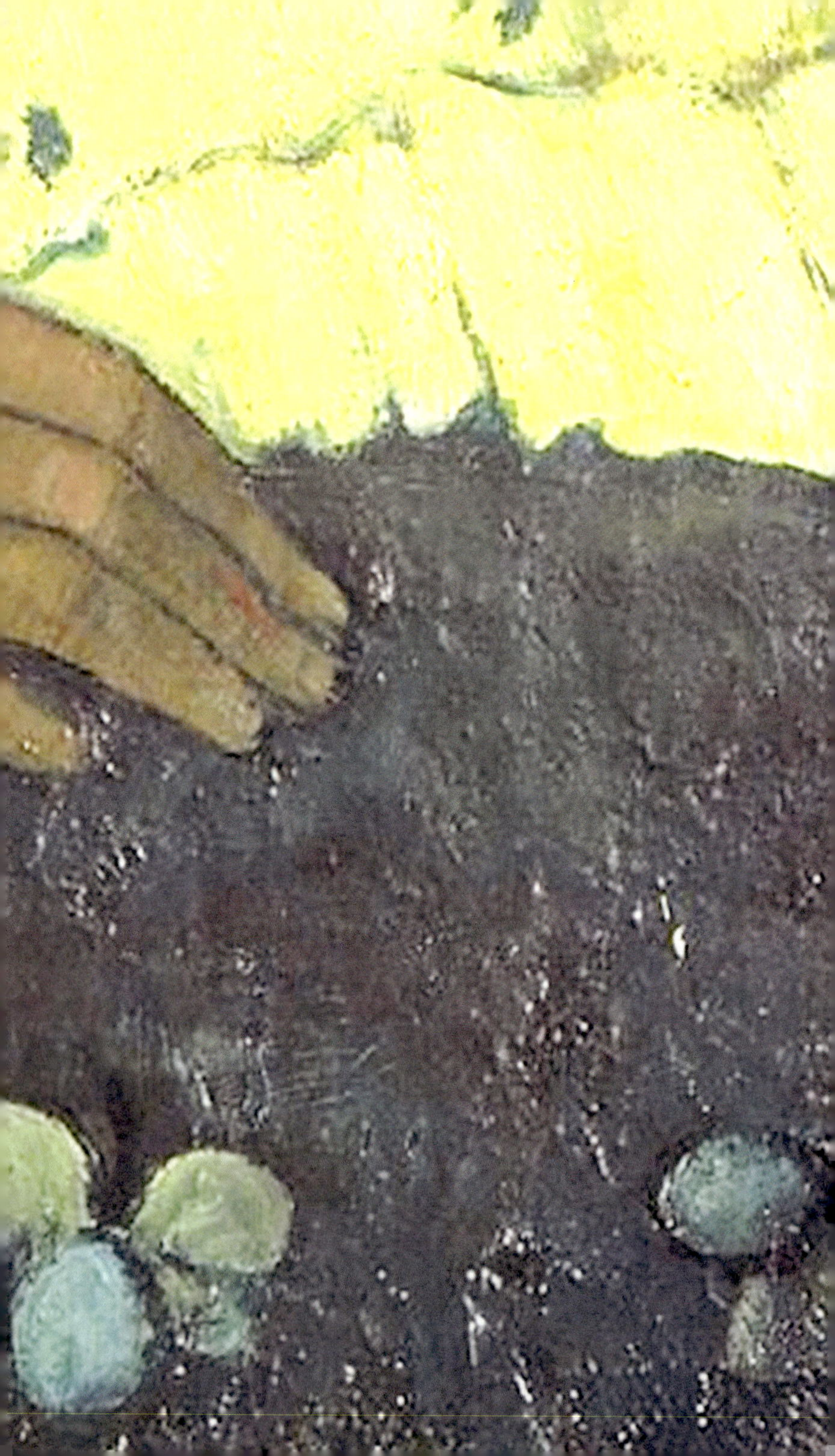